Impressum
Verlag: BABADADA GmbH, Nedderfeld 112 , 22529 Hamburg
Geschäftsführer / Verlagsleitung: Harald Hof
Druck: Books on Demand GmbH, In de Tarpen 42, 22848 Norderstedt

Imprint
Publisher: BABADADA GmbH, Nedderfeld 112 , 22529 Hamburg, Germany
Managing Director / Publishing direction: Harald Hof
Print: Books on Demand GmbH, In de Tarpen 42, 22848 Norderstedt, Germany

مدرسه

בית ספר

تقسیم کردن
חילק
186/2
تخته
לוח
کلاس درس
כיתה
معلم
מורה
کاغذ
נייר
نوشتن
כתב
خودکار
עט
میز تحریر
שולחן עבודה
خط کش
סרגל
کتاب
ספר
دانش آموز
תלמיד

مداد

עיפרון

جامدادی

קלמר

کیف مدرسه

ילקוט

دفتر رسم

חוברת סרטוט

پاک کن

גומי מחיקה

تراش

מחדד

2

جعبه ی آبرنگ

קופסת צבעים

قلم مو

מברשת

طراحی

סרטוט

کتاب تمرین

ספר תרגול

چسب

דבק

قیچی

מספריים

جمع کردن

חיבר

رقم

מספר

تکلیف خانه

שיעור בית

محاسبه کردن

חישב

ضرب کردن

הכפיל

تفریق کردن

חיסר

کلمه

מילה

الفبا

אלפבית

حرف الفبا

אות

گچ

גיר

خواندن

קרא

متن

טקסט

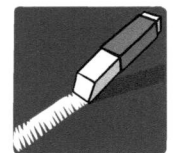

امتحان

מבחן

ثبت نام

יומן נוכחות

درس

שיעור

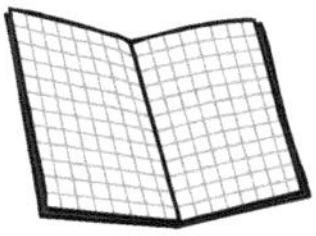

تحصیلات

חינוך

لباس مدرسه

תלבושת בית ספר

مدرک رسمی

תעודה

میکروسکوپ

מיקרוסקופ

دانشگاه

אוניברסיטה

دانشنامه

אנציקלופדיה

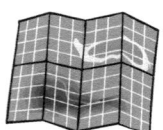

سبد کاغذ باطله

סל נייר

نقشه

מפה

سفر

נסיעה

هتل
מלון
مسافرخانه
הוסטל
صرافی
המרת מטבע
چمدان
מזוודה
اتومبیل
אוטו

اکی

בסדר

بله / خیر

כן / לא

زبان

שפה

ممنون

תודה

مترجم

מתרגם

سلام

שלום

مشکل

בעיה

من متوجه نمی شوم

אני לא מבין

قیمت ... چه قدر است؟

כמה עולה.....?

شب بخیر!

לילה טוב!

صبح بخیر!

בוקר טוב!

عصر بخیر! / شب بخیر!

ערב טוב!

بار سفر

כבודה

جهت

כיוון

خدانگهدار

להתראות

مهمان

אורח

کوله پشتی

תרמיל גב

کیف

תיק

خیمه

אוהל

کیسه خواب

שק שינה

اتاق

חדר

کارت اعتباری

....

כרטיס אשראי

ساحل

....

חוף ים

مرکز راهنمای گردشگران

....

מרכז מידע לתיירים

شام

....

ארוחת ערב

نهار

....

ארוחת צהריים

صبحانه

....

ארוחת בוקר

مهر

....

בול

آسانسور

....

מעלית

بليط

....

כרטיס

سفارتخانه

....

שגרירות

گمرک

....

מכס

مرز

....

גבול

گذرنامه

....

דרכון

ويزا

....

אשרה

حمل و نقل

תחבורה

هواپیما
מטוס
کشتی
אונייה
ماشین آتش نشانی
כבאית
اتوبوس
אוטובוס
کامیون
משאית
قایق موتوری
סירת מנוע
دوچرخه
אופניים
اتومبیل
אוטו

موتورسیکلت

אופנוע

قایق

סירה

کشتی مسافربری

מעבורת

ماشین کرایه ای

רכב שכור

ماشین مسابقه

מכונית מרוץ

ماشین پلیس

ניידת משטרה

ماشین حمل زباله

משאית זבל

جرثقیل

אוטו גרר

به اشتراک گذاری اتوموبیل

מכוניות בשיתוף

پمپ بنزین

תחנת דלק

بنزین

דלק

موتور

מנוע

ترافیک

פקק תנועה

عبور و مرور

תנועה

تابلو راهنمایی و رانندگی

תמרור

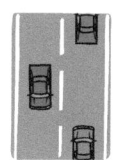

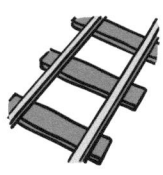

ریل راه آهن

פסי רכבת

ایستگاه قطار

תחנת רכבת

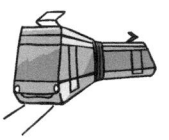

پارکینگ

חניה

واگن

קרון

قطار برقی

רכבת קלה

قطار

רכבת

برج

מגדל

فرودگاه

שדה-תעופה

هلیکوپتر

מסוק

کارتن

קרטון

کانتینر

קונטיינר

مسافر

נוסע

به پرواز درآمدن / فرود آمدن

המראה / נחיתה

سبد

סל

گاری

עגלה

شهر

עיר

خانه

בית

مرکز شهر

מרכז העיר

دهکده

כפר

سینما
קולנוע
تبلیغ
פרסומת
چراغ خیابان
מנורת רחוב
خیابان
רחוב
تاکسی
מונית
دکه
קיוסק
عابر پیاده
הולך רגל
پیاده رو
רציף
چهارراه
צומת
خط کشی عابر پیاده
מעבר חצייה
سطل آشغال بزرگ
פח אשפה
چراغ راهنما

ایستگاه قطار
....
תחנת רכבת

آپارتمان
....
דירה

کلبه
....
בקתה

مدرسه
....
בית ספר

موزه
....
מוזיאון

ساختمان شهرداری
....
עירייה

بیمارستان

בית חולים

بانک

בנק

دانشگاه

אוניברסיטה

اداره

משרד

داروخانه

בית מרקחת

هتل

מלון

گل فروشی

חנות פרחים

مغازه

חנות

کتابفروشی

חנות ספרים

فروشگاه بزرگ

כל-בו

بازار

שוק

سوپرمارکت

סופרמרקט

بندر

נמל

مرکز خرید

קניון

ماهی فروش

מוכר דגים

پل

גשר

نیمکت

ספסל

پارک

פארק

تونل

מנהרה

مترو

רכבת תחתית

پله

מדרגות

رستوران

מסעדה

میخانه

בר

ایستگاه اتوبوس

תחנת אוטובוס

دستگاه پارکومتر

מדחן

تابلوی خیابان

שלט רחוב

صندوق پست

תא דואר

مسجد

מסגד

استخر شنای عمومی

בריכת שחיה

باغ وحش

גן חיות

قبرستان

בית עלמין

آلودگی محیط زیست

זיהום

مزرعه

חווה

معبد

בית מקדש

زمین بازی

מגרש משחקים

کلیسا

כנסייה

چشم انداز

נוף

برگ
עלה
تابلوی راهنمای مسیر
תמרור
راه
דרך
چمنزار
מרעה
سنگ
אבן
درخت
עץ
راه نورد
מטייל
رودخانه
נהר
چمن
דשא
گل
פרח

دریاچه

אגם

تپه

הר

دره

בקעה

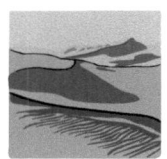

کوه آتشفشان

הר געש

بیابان

מדבר

جنگل

יער

قارچ

פטריה

رنگین کمان

קשת בענן

قلعه

טירה

مگس

זבוב

پشه

יתוש

درخت نخل

דקל

عنکبوت

עכביש

زنبور

דבורה

مورچه

נמלה

سنجاب

סנאי

قورباغه

צפרדע

سوسک

חיפושית

جغد

ינשוף

خرگوش صحرایی

ארנב

جوجه تیغی

קיפוד

گراز

חזיר בר

قو

ברבור

پرنده

ציפור

سد آب

סכר

گوزن شمالی

אייל הקורא

گوزن نر

צבי

آب و هوا

אקלים

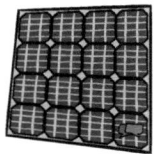

صفحه ی خورشیدی

פנל סולארי

توربین بادی

טורבינת רוח

رستوران

מסעדה

پیشخدمت رستوران
מלצר
منوی غذا
תפריט
صندلی
כסא
سوپ
מרק
پیتزا
פיצה
رومیزی
מפת שולחן
سرویس کارد و قاشق و چنگال
סכו"ם

پیش‌غذا
....
מנת פתיחה

غذای اصلی
....
מנה עיקרית

دسر
....
קינוח

نوشیدنی ها
....
שתיות

غذا
....
אוכל

بطری
....
בקבוק

מסעדה - رستوران

قوری
....
קנקן תה

اغذیه خیابانی
....
אוכל רחוב

فست فود
....
מזון מהיר

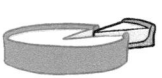

دستگاه اسپرسو
....
מכונת אספרסו

پُرس غذا
....
מנה

قندان
....
מסכרת

سینی
....
מגש

صورتحساب
....
חשבון

صندلی پایه بلند غذاخوری بچه
....
כסא תינוק

قاشق
....
כף

چنگال
....
מזלג

چاقو
....
סכין

لیوان
....
כוס

دستمال سفره
....
מפית

قاشق چایخوری
....
כפית

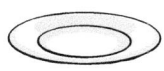

نعلبکی

....

תחתית

بشقاب سوپخوری

....

קערת מרק

بشقاب

....

צלחת

فلفل ساب

....

מטחנת פלפל

نمکدان

....

מלחייה

سس

....

רוטב

ادویه جات

....

תבלינים

روغن خوراکی

....

שמן

سرکه

....

חומץ

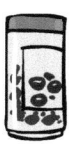

سس مایونز

....

מיונז

سس خردل

....

חרדל

سس کچاپ

....

קטשופ

سوپرمارکت

סופרמרקט

پیشنهاد ویژه
מבצע
FOR
مشتری
לקוח
لبنیات
מוצרי חלב
میوه جات
פירות
چرخ دستی خرید
עגלת קניות

نانوایی

מאפייה

وزن کردن

שקל

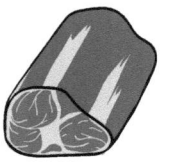

قصابی

אטליז

غذای منجمد

מזון קפוא

گوشت

בשר

سبزیجات

ירקות

پودر لباسشویی

....

אבקת כביסה

غذای کنسروی

....

שימורים

مخلوطی از انواع کالباس یا پنیر که
ورقه ای بریده شده باشند

....

בשר קר

ماده شوینده و پاک کننده

....

חומר ניקוי

لوازم خانگی

....

מוצרי בית

شیرینی جات

....

ממתקים

صندوقدار

....

קופאי

صندوق پرداخت

....

קופה

فروشنده

....

מוכרת

کیف پول

....

ארנק

ساعات کار

....

שעות פתיחה

لیست خرید

....

רשימת קניות

کیسه ی پلاستیکی

....

שקית ניילון

کیف

....

תיק

کارت اعتباری

....

כרטיס אשראי

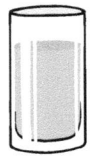

نوشیدنی ها

שתיות

شیر

חלב

آبمیوه

מיץ

آب

מים

آبجو

בירה

شراب

יין

نوشابه کوکاکولا

קולה

چای

תה

کاکائو

קקאו

الکل

אלכוהול

کاپوچینو

קפוצ'ינו

قهوه اسپرسو

אספרסו

قهوه

קפה

غذا

אוכל

پرتقال

....

תפוז

سیب

....

תפוח

موز

....

בננה

هویج

....

גזר

لیمو

....

לימון

انواع هندوانه و خربزه

....

אבטיח

پیاز

....

בצל

نی بامبو

....

במבוק

سیر

....

שום

ماکارونی

....

אטריות

آجیل

....

אגוזים

قارچ

....

פטריות

سالاد

....

סלט

برنج

....

אורז

اسپاگتی

....

ספגטי

پیتزا

....

פיצה

سیب زمینی سرخ شده

....

צ'יפס

سیب زمینی سرخ کرده

....

צ'יפס

شنیتسل

....

שניצל

ساندویچ

....

כריך

همبرگر

....

המבורגר

سوسیس

....

נקניקיה

سالامی

....

סלאמי

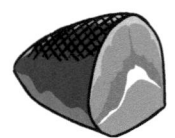

ژامبون خوک

....

שינקין

ماهی

....

דג

نوعی گوشت سرخ شده

....

טיגון

مرغ

....

עוף

کورن‌فلکس
....
קורנפלקס

نوعی صبحانه مخلوطی از برگه ذرت و
میوه های خشک شده و خشکبار که
معمولا با شیر خورده می شود
....
מוזלי

جوی پرک شده
....
שיבולת שועל

نان بروتشن
....
לחמנייה

کرواسان
....
קרואסון

آرد
....
קמח

بیسکویت
....
עוגיות

نان تست
....
טוסט

نان
....
לחם

کیک
....
עוגה

کشک
....
גבינה לבנה

کَره
....
חמאה

پنیر
....
גבינה

تخم مرغ نیمرو
....
ביצת עין

تخم مرغ
....
ביצה

عسل

דבש

شکر

סוכר

بستنی

גלידה

ادویه کاری

קארי

کرم شکلاتی بادامی

ממרח נוגט

مربا

ריבה

خانه ی مزرعه داران
בית חווה
انبار غله
אסם
خرمن گاه
חבילת שחת
مزرعه
שדה
اسب
סוס
ماشین یدک کش
עגלת נגרר
کره اسب
סייח
تراکتور
טרקטור
خر
חמור
گوسفند
כבש
بره
טלה

گوساله

עגל

گاو ماده

פרה

بز

עז

گاو نر

שור

بچه خوک

חזרזיר

خوک

חזיר

חווה - مزرعه

غاز

אווז

اردک

ברווז

جوجه

אפרוח

مرغ

תרנגולת

خروس

תרנגול

موش صحرایی

חולדה

گربه

חתול

موش

עכבר

گاو نر اخته

שור

سگ

כלב

لانه ی سگ

מלונה

شلنگ باغبانی

צינור השקיה

آبپاش

קנקן מים

داس دسته بلند

חרמש

گاوآهن

מחרשה

چنگک باغبانی

קלשון

کج بیل

מגרפה

داس

מגל

آبشخور

שוקת

فرقون

מריצה

تبر

גרזן

حصار

גדר

کیسه

שק

بطری نگهداری شیر

כד חלב

خاک

אדמה

گلخانه

חממה

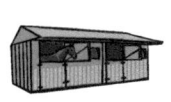

اصطبل

אורווה

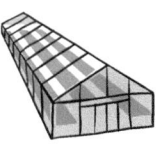

ماشین کمباین

מקצרה

کود

דשן

بذر

זרע

تمیس

בטטה אפריקנית

محصول

קציר

برداشت کردن محصول

קצר

سیب زمینی

תפוח אדמה

سویا

סויה

گندم

חיטה

درخت میوه

עץ פירות

کلزا

קנולה

ذرت

תירס

غلات

דגנים

گیاه مانیوک

קסבה

خانه

בית

دودکش
ארובה
پشت بام
גג
ناودان
מרזב
پنجره
חלון
گاراژ
מוסך
زنگ در
פעמון
در
דלת
سطل آشغال
פח אשפה
صندوق مراسلات
תיבת מכתבים
باغ
גינה

آشپزخانه

מטבח

حمام

חדר אמבטיה

اتاق نشیمن

סלון

ناهارخوری

חדר אוכל

اتاق بچه

חדר ילדים

اتاق خواب

חדר שינה

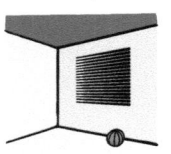

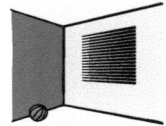

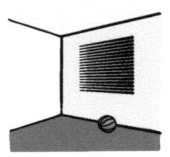

سقف

....

תקרה

دیوار

....

קיר

کف زمین

....

רצפה

بالکن

....

מרפסת

سونا

....

סאונה

زیرزمین

....

מרתף

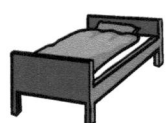

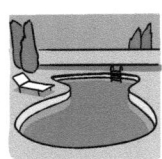

ماشین چمن‌زنی

....

מכסחת דשא

استخر

....

בריכה

تراس

....

מרפסת

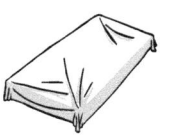

تخت خواب

....

מיטה

روتختی

....

כיסוי מיטה

ملافه

....

סדין

سویچ یا کلید

....

מפסק

سطل

....

דלי

جارو

....

מטאטא

اتاق نشیمن

סלון

کاغذ دیواری
טפט
عکس
תמונה
لامپ
מנורה
قفسه
מדף
کابینت
ארון
تلویزیون
טלוויזיה
شومینه
אח
گل
פרח
کوسن
כרית
کاناپه
ספה
گلدان
אגרטל
کنترل تلویزیون و ویدئو و غیره
שלט רחוק

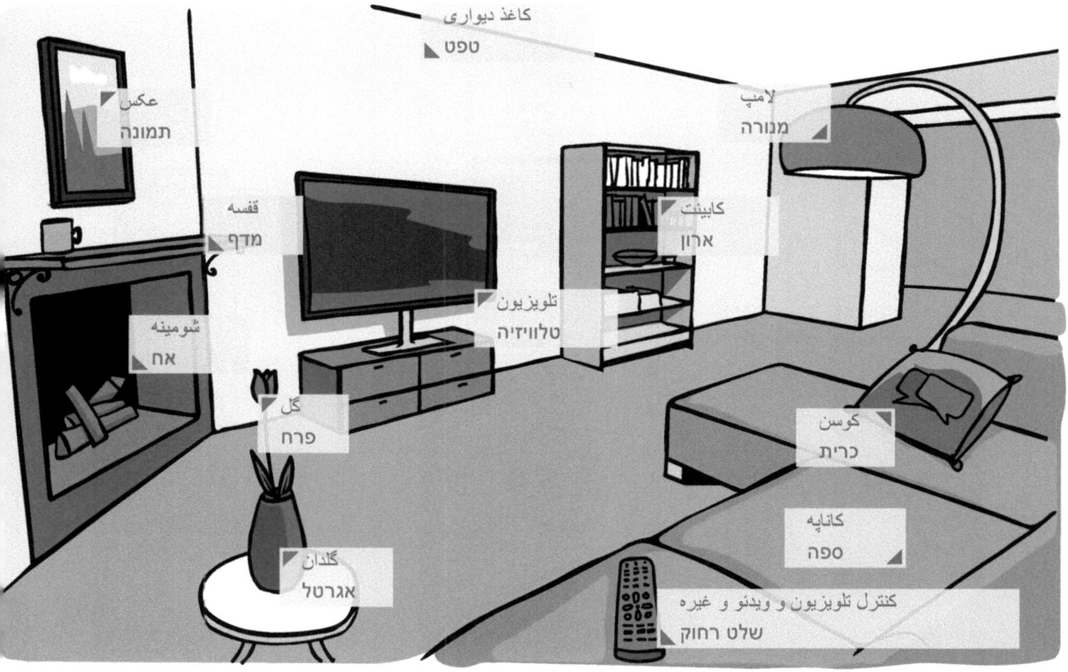

میز

שולחן

پرده

וילון

فرش

שטיח

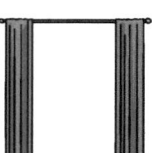

صندلی راحتی

כורסה

صندلی گهواره ایی

כיסא נדנדה

صندلی

כסא

دکوراسیون

דקורציה

لحاف

שמיכה

کتاب

ספר

دستگاه ضبط صوت

מערכת סטריאו

فیلم

סרט

هیزم

עצי הסקה

تابلو نقاشی

ציור

روزنامه

עיתון

کلید

מפתח

دفترچه یادداشت

מחברת

رادیو

רדיו

پوستر

פוסטר

شمع

נר

کاکتوس

קקטוס

جاروبرقی

שואב אבק

آشپزخانه

מטבח

یخچال
מקרר
ماکروویو
מיקרוגל
تُستر
טוסטר
ماده شوینده و پاک کننده
חומר ניקוי
فر خوراک پزی
תנור
جایخی
מקפיא
سطل آشغال
פח אשפה
ماشین ظرفشویی
מדיח כלים

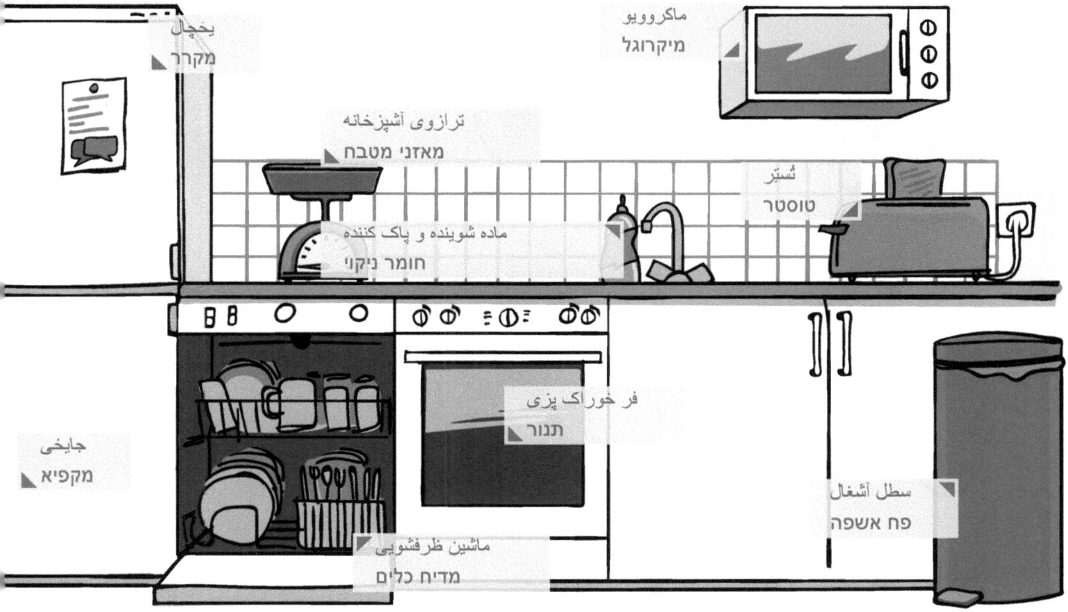

اجاق گاز

תנור

قابلمه

סיר

قابلمه چدنی

סיר ברזל

ماهی تابه گود

ווק

ماهی تابه

מחבת

کتری

קומקום חשמלי

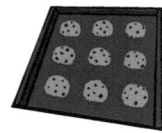

ظرف چینی آشپزخانه

כלי אוכל

سینی فر

מגש אפייה

بخارپز

מאדה

چاپستیک

צ'ופסטיקס

کاسه

קערה

لیوان

ספל

همزن

מטרפה

کفگیر

מרית

ملاقه

מצקת

رنده

מגרדת

آبکش

מסננת

آبکش

מסננת בישול

محل مخصوص افروختن آتش

מדורה

باربیکیو

גריל

هاون

מכתש

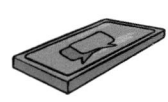

در بطری بازکن

פותחן פקקים

وردنه

מערוך

تخته گوشت و سبزی

קרש חיתוך

دستگیره پارچه ای

מטלית

در قوطی بازکن

פותחן קופסאות

قوطی

פחית

اسفنج

ספוג

برس گردگیری

מברשת

سینک ظرفشویی

כיור

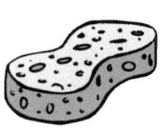

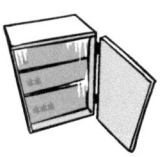

شیشه شیر بچه

בקבוק לתינוק

فریزر

מקפיא

مخلوط کن

בלנדר

شیر آب

ברז

حمام

חדר אמבטיה

بخاری
חימום
دوش
מקלחת
حوله
מגבת
پرده ی حمام
וילון מקלחת
حمام کف
אמבטיית קצף
وان حمام
אמבטיה
لیوان
כוס
ماشین لباسشویی
מכונת כביסה
شیر آب
ברז
کاشی
אריחים
لگن دستشویی کودکان
סיר לילה
سینک ظرفشویی
כיור

توالت
אסלה

توالت ایرانی
אסלת כריעה

کاسه توالت
בידה

توالت مخصوص آقایان
משתנה

دستمال توالت
נייר טואלט

فرچه توالت
מברשת אסלה

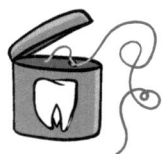

نخ دندان

....

חוט דנטלי

خمیردندان

....

משחת שיניים

مسواک

....

מברשת שיניים

شلنگ توالت

....

צינור שטיפה לשירותים

دوش آب تلفنی

....

מקלחת יד

شستن

....

שטף

صابون

....

סבון

برس شست و شوی پشت

....

מברשת גב

لگن روشویی

....

קערת רחצה

لیف حمام

....

ליפה

شامپو

....

שמפו

شامپو بدن

....

ג'ל רחצה

اسپری دئودورانت

....

דיאודורנט

کرم

....

קרם

راه آب

....

ניקוז

تیغ ریش تراشی

סכין גילוח

آیینه ی کوچک دستی

מראת יד

آیینه

מראה

شانه ی سر

מסרק

آفترشیو

אפטרשייב

کف ریش‌تراشی

קצף גילוח

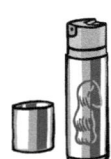

اسپری مو

ספריי לשיער

سشوار

מייבש שיער

برس

מברשת

لاک ناخن

לק

رژلب

שפתון

آرایش

איפור

عطر

בושם

قیچی ناخن

מספריים לציפורניים

پنبه

צמר גפן

ترازو
....
משקל

چهارپایه
....
שרפרף

کیف لوازم آرایشی و بهداشتی
....
תיק כלי רחצה

تامپون
....
טמפון

دستکش ظرفشویی
....
כפפות גומי

حوله ی پالتویی
....
חלוק רחצה

توالت سیار
....
שירותים כימיקליים

نوار بهداشتی
....
תחבושת סניטרית

اتاق بچه

חדר ילדים

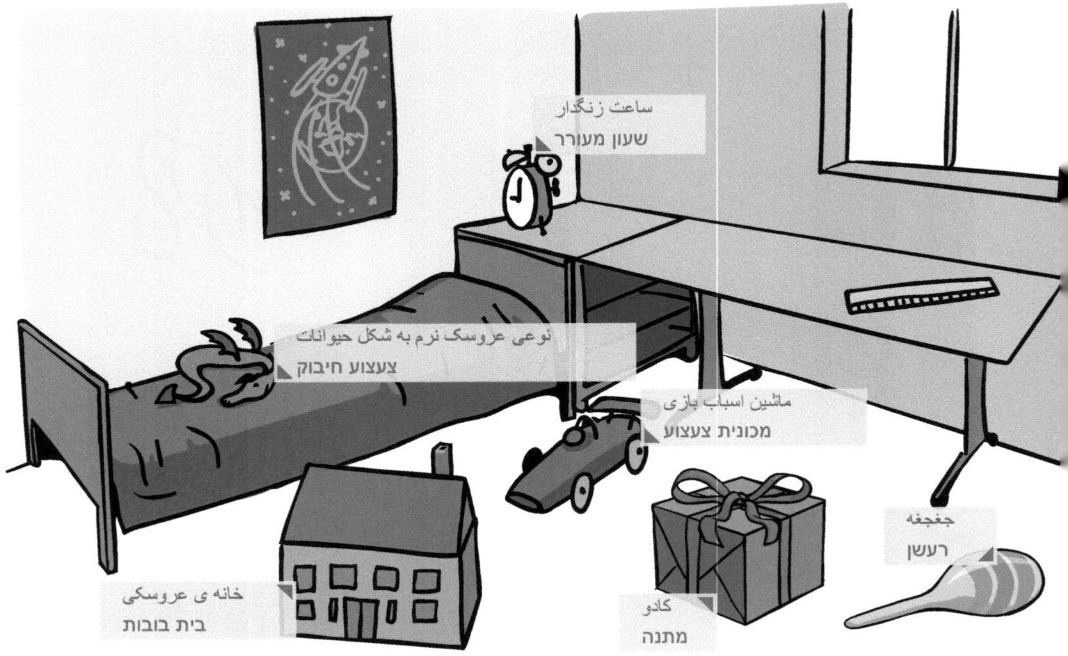

ساعت زنگدار
שעון מעורר
نوعی عروسک نرم به شکل حیوانات
צעצוע חיבוק
ماشین اسباب بازی
מכונית צעצוע
جغجغه
רעשן
خانه ی عروسکی
בית בובות
کادو
מתנה

بادکنک

בלון

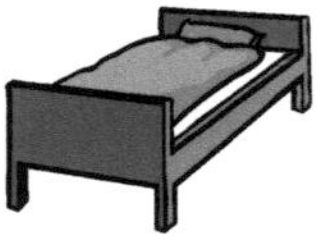

تخت خواب

מיטה

کالسکه بچه

עגלה

بازی ورق

משחק קלפים

پازل

פאזל

داستان مصور

קומיקס

عروسک شخصیت های فیلم و کارتون

דמות משחק

خانه سازی

קוביות משחק

اسباب بازی لگو

לגו

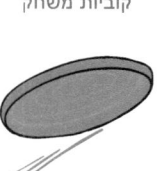

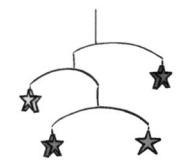

نوعی اسباب بازی که روی تخت نوزاد
یا کودک نصب می شود

נייד

فریزبی

פריזבי

لباس نوزاد

סרבל תינוקות

قطار اسباب بازی

רכבת צעצוע

تاس

קוביה

بازی روی صفحه

משחק לוח

کتاب مصور

אלבום תמונות

مهمانی

מסיבה

پستانک

מוצץ

بازی کردن

שיחק

عروسک

בובה

توپ

כדור

اسباب بازی
....
צעצועים

تاب
....
נדנדה

جعبه شنی مخصوص بازی کودکان
....
ארגז חול

خرس عروسکی
....
דובון

سه چرخه
....
אופניים תלת גלגלי

کنسول بازی های کامپیوتری
....
קונסולת משחקים

کمد لباس
....
ארון בגדים

لباس

בגדים

جوراب شلواری
....
גרביון

جوراب زنانه ساق بلند
....
גרביונים

جوراب
....
גרביים

شال
צעיף

چتر
מטריה

تی شرت
חולצת טי

كمربند
חגורה

كفش ورزشی کتانی
נעלי ספורט

پوتین
מגפיים

دمپایی
נעלי בית

صندل
סנדלים

كفش
נעליים

چکمه پلاستیکی
מגפי גומי

شرت
תחתונים

سوتین
חזייה

جلیقه
וסט

جین

ג'ינס

شلوار

מכנסיים

بادی

גוף

پیراهن

חולצה

بلوز

חולצה מכופתרת

دامن

חצאית

نوعی کت

בלייזר

سویی شرت

סווצ׳ר עם קפוצ׳ון

پولیور

אפודה

بارانی

מעיל גשם

کت بلند

מעיל

ژاکت

ז'קט

لباس عروس

שמלת כלה

لباس

שמלה

لباس نمایش

תלבושת

پیژامه

....

פיג'מה

لباس خواب زنانه

....

כותונת לילה

کت و شلوار

....

חליפה

عمامه

....

טורבן

روسری

....

מטפחת ראש

ساری

....

סארי

عبا

....

עבאיה

قبا

....

קאפטן

برقع

....

בורקה

شلوارک

....

מכנסיים קצרים

شرت شنا

....

בגד ים

لباس شنا

....

בגד ים

دستکش

....

כפפות

پیشبند

....

סינר

لباس ورزشی

....

בגד אימון

دستبند

צמיד יד

عینک

משקפיים

دکمه

כפתור

گوشواره

עגיל

انگشتر

טבעת

گردنبند

שרשרת

کلاه

כובע

چوب لباسی

קולב

کلاه لبه دار

כובע

کلاه ایمنی

קסדה

زیپ

רוכסן

کراوات

עניבה

لباس فرم

מדים

لباس مدرسه

תלבושת בית ספר

بند شلوار

כתפיות

پوشک بچه

חיתול

پستانک

מוצץ

پیش بند بچه

מפית אוכל

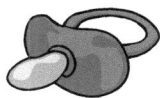

اداره

משרד

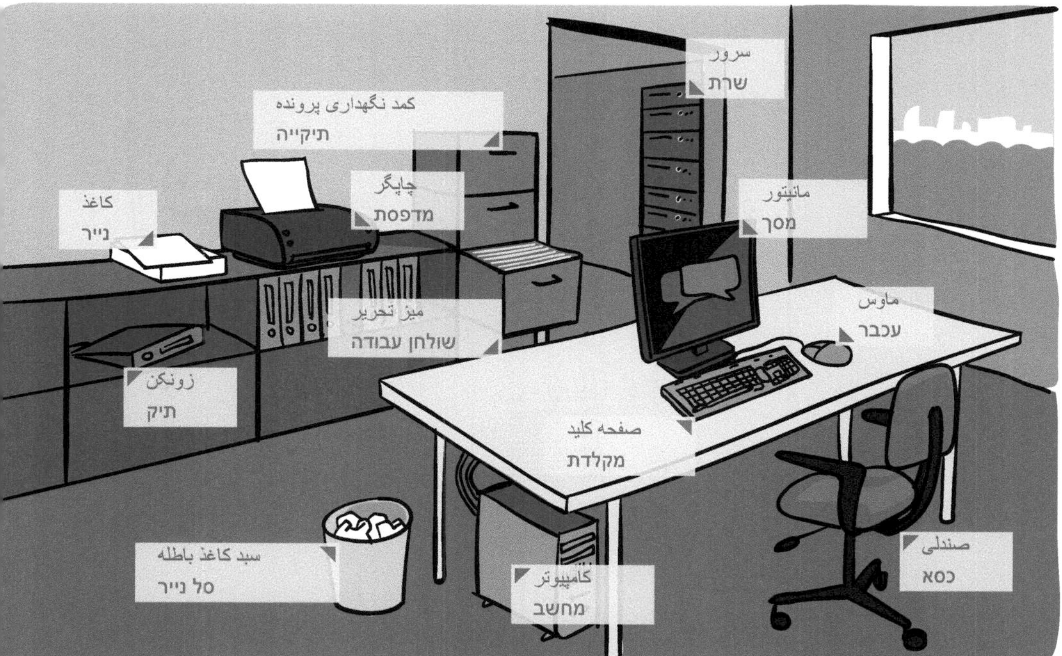

سرور
שרת
کمد نگهداری پرونده
תיקייה
چاپگر
מדפסת
کاغذ
مانیتور
מסך
ماوس
עכבר
میز تحریر
שולחן עבודה
زونکن
תיק
صفحه کلید
מקלדת
صندلی
כסא
سبد کاغذ باطله
סל נייר
کامپیوتر
מחשב

اینترنت

אינטרנט

ماشین حساب

מחשבון

لیوان قهوه

ספל קפה

پیغام

....

הודעה

نامه

....

מכתב

لپ تاپ

....

מחשב נייד

دستگاه فتوکپی

....

מכונת צילום

شبکه ی ارتباطی

....

רשת

تلفن همراه

....

נייד

پریز

....

שקע

تلفن

....

טלפון

نرم افزار

....

תוכנה

مدرک

....

מסמך

فرم

....

טופס

دستگاه فاکس

....

פקס

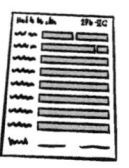

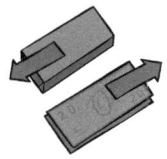

اقتصاد

כלכלה

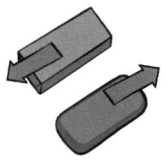

تجارت کردن

סחר

پرداخت کردن

שילם

خریدن

קנה

یورو

יורו

دلار

דולר

پول

כסף

فرانک سوئیس

פרנק שווייצרי

روبل

רובל

ین

ין

دستگاه خودپرداز

כספומט

روپیه

רופי

یوان رنمینبی

יואן רנמינבי

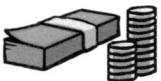

صرافی
....
המרת מטבע

طلا
....
זהב

نقره
....
כסף

نفت
....
נפט

انرژی
....
אנרגיה

قیمت
....
מחיר

قرارداد
....
חוזה

مالیات
....
מס

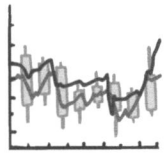

سهام سرمایه
....
מנייה

کار کردن
....
עבד

کارمند
....
עובד

کارفرما
....
מעסיק

کارخانه
....
מפעל

مغازه
....
חנות

مشاغل

מקצועות

مامور پلیس
שוטר
آتش نشان
כבאי
آشپز
טבח
دکتر
רופא
خلبان
טייס

خیاط زنانه

תופרת

نجار

נגר

باغبان

גנן

بازیگر

שחקן

شیمیدان

כימאי

قاضی

שופט

ماهیگیر

דייג

راننده تاکسی

נהג מונית

راننده اتوبوس

נהג אוטובוס

پیشخدمت رستوران

מלצר

سقف ساز

מתקן גגות

نظافتچی زن

עובדת נקיון

نانوا

אופה

نقاش

צייר

شکارچی

צייד

مهندس

מהנדס

کارگر ساختمانی

עובד בניין

برقکار

חשמלאי

پستچی

דוור

لوله کش

אינסטלטור

قصاب

קצב

صندوقدار
קופאי

معمار
אדריכל

سرباز
חייל

مامور کنترل بلیط در قطار
כרטיסן

آرایشگر
ספר

گل فروش
מוכר פרחים

دندانپزشک
רופא שיניים

ناخدا
קברניט

مکانیک
מכונאי

امام
אימאם

عالم یهودی
רב

دانشمند
מדען

کشیش
כומר

راهب
נזיר

ابزارآلات

כלי עבודה

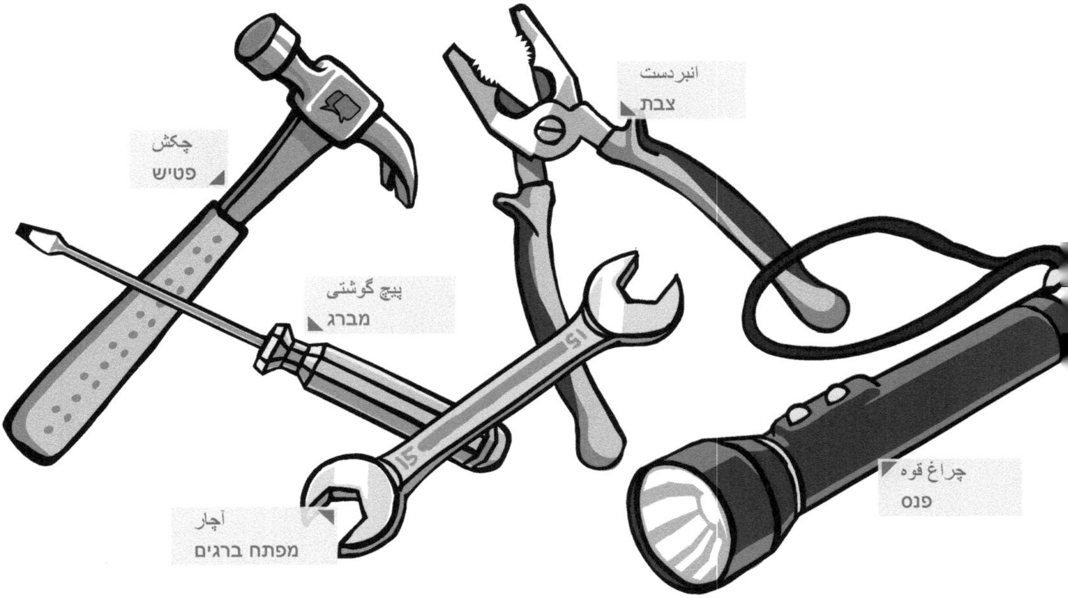

چکش
פטיש
انبردست
צבת
پیچ گوشتی
מברג
چراغ قوه
פנס
آچار
מפתח ברגים

نردبان

סולם

جعبه ابزار

ארגז כלים

بیل مکانیکی

דחפור

مته

מקדחה

میخ

מסמרים

ارّه

מסור

لعنتی!

לעזאזל!

بیل

את חפירה

تعمیر کردن

תיקון

پیچ

ברגים

سطل رنگرزی

פח צבע

خاک انداز

יעה

آلات موسیقی

כלי נגינה

بلندگو

רמקול

درامز

מערכת תופים

گیتار

גיטרה

ترومپت

חצוצרה

کنترباس

קונטראבס

گیتار بیس

בס

ویولن

כינור

پیانو

פסנתר

کیبورد الکتریک

מקלדת פסנתר

طبل

תופים

تیمپانی

תוף הדוד

میکروفون

מיקרופון

فلوت

חליל

ساکسیفون

סקסופון

باغ وحش
גן חיות

ورودی
כניסה
נמר
قفس
כלוב
گورخر
זברה
خوراک حیوانات
מזון לחיות
خرس پاندا
פנדה

حیوانات
....
בעלי חיים

فیل
....
פיל

کانگورو
....
קנגרו

کرگدن
....
קרנף

گوریل
....
גורילה

خرس
....
דוב

شیر

אריה

شترمرغ

יען

شتر

גמל

طوطی

תוכי

فلامینگو

פלמינגו

میمون

קוף

کوسه

כריש

پنگوئن

פינגווין

خرس قطبی

דוב הקרח

تمساح

תנין

مار

נחש

طاووس

טווס

پلنگ امریکایی

יגואר

خوک آبی

כלב ים

نگهبان باغ وحش

שומר גן החיות

اسب آبی

היפופוטאם

پلنگ

לאופרד

اسب کوچک

סוס פוני

گراز

חזיר בר

عقاب

נשר

زرافه

ג'ירפה

شیرماهی

סוס ים

لاک پشت

צב

ماهی

דג

غزال

איילה

روباه

שועל

ورزش ها

ספורט

فوتبال آمریکایی
פוטבול אמריקאי
دوچرخه سواری
רכיבת אופניים
تنیس
טניס
بسکتبال
כדורסל
شنا
שחיה
بوکس
אגרוף
هاکی روی یخ
הוקי

فوتبال

כדורגל

بدمینتون

בדמינטון

دوومیدانی

אתלטיקה

هندبال

כדור-יד

اسکی

עשה סקי

پولو

פולו

خندیدن
צחק

پریدن
קפץ

بغل کردن
חיבק

راه رفتن
הלך

آواز خواندن
שר

رؤیا دیدن
חלם

دعا کردن
התפלל

بوسیدن
נשק

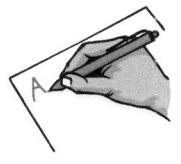

نوشتن
כתב

رسم کردن
צייר

نشان دادن
הראה

هل دادن
דחף

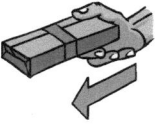

دادن
נתן

برداشتن
לקח

بودن
....
היה

انجام دادن
....
עשה

داشتن
....
יש / להיות הבעלים

کشیدن
....
משך

دویدن
....
רץ

ایستادن
....
עמד

دراز کشیدن
....
שכב

افتادن
....
נפל

پرتاب کردن
....
זרק

نشستن
....
ישב

حمل کردن
....
סחב

منتظر بودن
....
חיכה

بیدار شدن
....
התעורר

خوابیدن
....
ישן

لباس پوشیدن
....
התלבש

نوازش کردن
....
ליטף

گریه کردن
....
בכה

تماشا کردن
....
הסתכל ב-

فهمیدن
....
הבין

حرف زدن
....
דיבר

شانه کردن
....
סירק

آشامیدن
....
שתה

شنیدن
....
שמע

پرسیدن
....
שאל

عاشق بودن
....
אהב

مرتب کردن
....
סידר

خوردن
....
אכל

پرواز کردن
....
עף

رانندگی کردن
....
נהג

پختن
....
בישל

خواندن

....

קרא

محاسبه کردن

....

חישב

قایقرانی کردن

....

שט

ازدواج کردن

....

התחתן

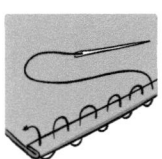

کار کردن

....

עבד

یاد گرفتن

....

למד

کشتن

....

הרג

مسواک زدن

....

ציחצח שיניים

دوختن

....

תפר

فرستادن

....

שלח

سیگار کشیدن

....

עישן

خانواده

משפחה

مادربزرگ
סבתא
پدربزرگ
סבא
پدر
אבא
مادر
אימא
کودک
תינוק
فرزند دختر
בת
فرزند پسر
בן

مهمان

אורח

خاله، عمه

דודה

دایی، عمو

דוד

برادر

אח

خواهر

אחות

بدن

גוף

شانه
כתף
پیشانی
מצח
چشم
עין
انگشت دست
אצבע
صورت
פנים
چانه
סנטר
دست
כף יד
ساق پا
רגל
سینه
חזה
بازو
זרוע

زن

אישה

مرد

איש

کودک

תינוק

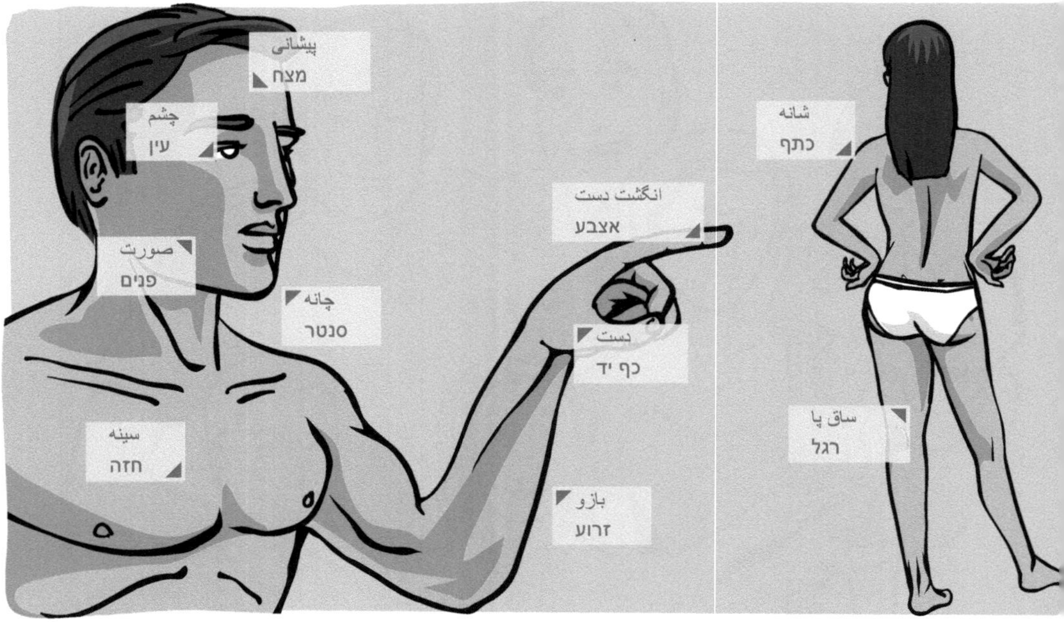

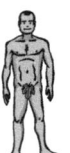

کله

ראש

پسربچه

ילד

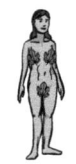

دختربچه

ילדה

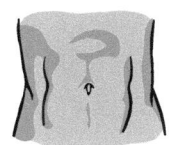

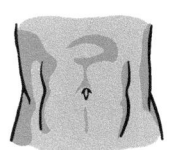

ناف

טבור

شکم

בטן

کمر

גב

استخوان

עצם

پاشنه

עקב

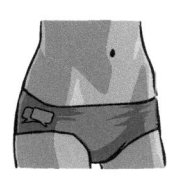

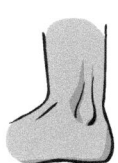

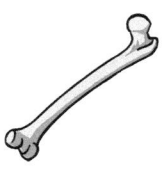

انگشت پا

אצבע

آرنج

מרפק

زانو

ברך

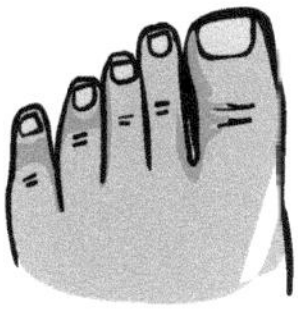

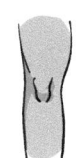

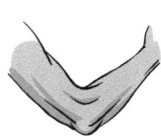

لگن

ירך

پوست

עור

نشیمنگاه

עכוז

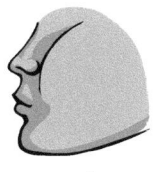

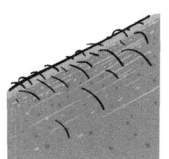

بینی

אף

لب

שפתיים

گوش

אוזן

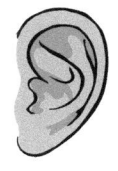

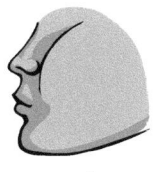

گونه

לחי

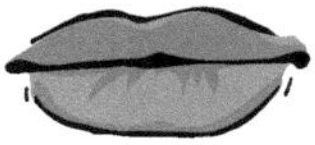

زبان

....

לשון

دندان

....

שן

دهان

....

פה

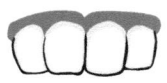

عضله

....

שריר

قلب

....

לב

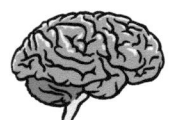

مغز

....

מוח

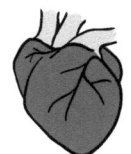

معده

....

קיבה

کبد

....

כבד

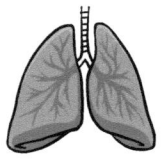

ریه

....

ריאה

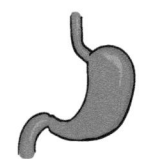

کاندوم

....

קונדום

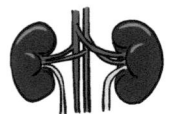

آمیزش جنسی

....

מין

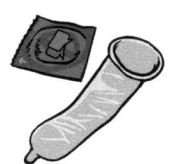

کلیه

....

כליות

حاملگی

....

הריון

اسپرم

....

זרע

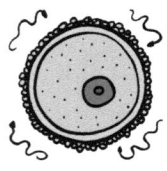

تخمک

....

ביצית

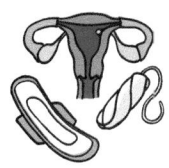

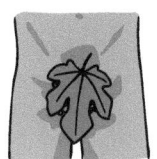

آلت تناسلی مرد
....
פין

واژن
....
נרתיק

پریود
....
ווסת

گردن
....
צוואר

مو
....
שיער

ابرو
....
גבה

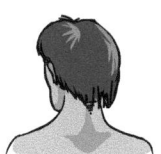

بیمارستان
בית חולים

آمبولانس
אמבולנס
صندلی چرخ دار
כיסא גלגלים
شکستگی
שבר

پرستار

אחות

بخش اورژانس

חדר מיון

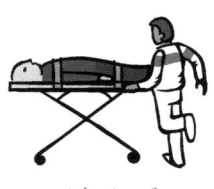

دکتر

רופא

درد

כאב

بی هوش

חסר הכרה

موقعیت اضطراری

חירום

سکته قلبی

התקף לב

خونریزی

דימום

مصدومیت

פציעה

سرفه

שיעול

آلرژی

אלרגיה

سکته مغزی

שבץ

اسهال

שלשול

آنفولانزا

שפעת

تب

חום

دیابت

סוכרת

سرطان

סרטן

سردرد

כאב ראש

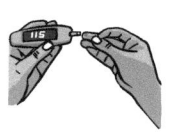

عمل جراحی

ניתוח

چاقوی جراحی

אזמל

جراح

מנתח

سونوگرافی

אולטרסאונד

پرتونگاری

רנטגן

سی تی اسکن

סי-טי

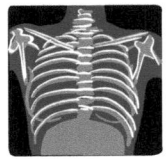

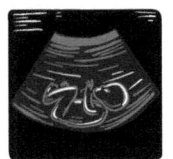

اتاق انتظار

חדר המתנה

بیماری

מחלה

ماسک صورت

מסיכת פנים

پانسمان

תחבושת

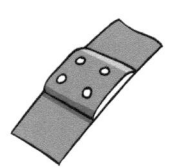

چسب زخم

פלסטר

چوب زیر بغل

קבה

برانکار

אלונקה

گوشی طبی

סטטוסקופ

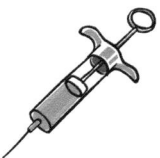

تزریق

זריקה

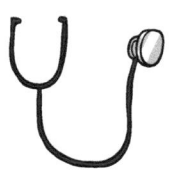

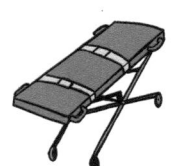

اضافه وزن

עודף משקל

زایش

לידה

دماسنج

מד חום

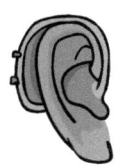

عفونت

....

זיהום

ماده ضد غفونی کننده

....

מחטא

سمعک

....

מכשיר שמיעה

دارو

....

תרופה

اچ آی وی / ایدز

....

איידס

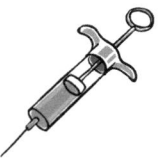

ویروس

....

נגיף

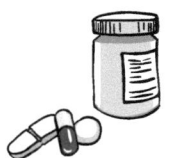

قرص ضد حاملگی

....

גלולה

قرص

....

טבליות

واکسیناسیون

....

חיסון

مریض / سالم

....

חולה / בריא

دستگاه اندازه گیری فشارخون

....

מד לחץ דם

تماس اظطراری

....

קריאת חירום

موقعیت اضطراری

חירום

حمله

....

פשיטה

آژیر خطر

....

אזעקה

کمک!

....

הצילו!

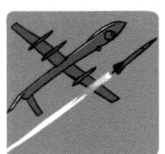

خروج اظطراری

....

יציאת חירום

خطر

....

סכנה

حمله ی فیزیکی

....

תקיפה

تصادف

....

תאונה

کپسول آتش‌نشانی

....

מטף כיבוי

آتش

....

אש!

پلیس

....

משטרה

درخواست کمک

....

הצילו!

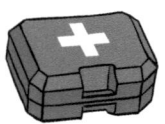

جعبه کمک های اولیه

....

ערכת עזרה ראשונה

کره زمین

כדור הארץ

آمریکای جنوبی

....

דרום אמריקה

آمریکای شمالی

....

צפון אמריקה

اروپا

....

אירופה

استرالیا

....

אוסטרליה

آسیا

....

אסיה

آفریقا

....

אפריקה

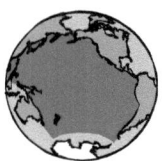

اقیانوس هند

....

האוקיינוס ההודי

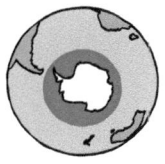

اقیانوس آرام

....

האוקיינוס השקט

اقیا نوس اطلس

....

האוקיינוס האטלנטי

قطب شمال

....

הקוטב הצפוני

اقیانوس منجمد شمالی

....

האוקיינוס הארקטי

اقیا نوس اطلس جنوبی

....

האוקיינוס האנטרקטי

کره زمین

כדור הארץ

قاره قطب جنوب

אנטארקטיקה

قطب جنوب

הקוטב הדרומי

جزیره

אי

دریا

ים

سرزمین

אדמה

کشور

מדינה

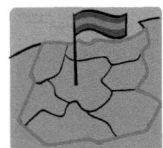

ملت

לאום

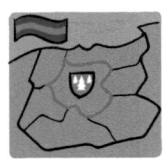

ساعت

שעון

دقیقه شمار

מחוג הדקות

ساعت شمار

מחוג השעות

صفحه ی ساعت

פני השעון

روز

יום

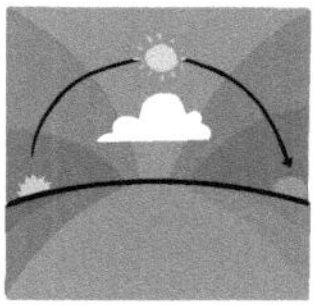

ساعت چند است؟

מה השעה?

ثانیه شمار

מחוג השניות

ساعت دیجیتال

שעון דיגיטלי

اکنون

עכשיו

زمان

זמן

ساعت

שעה

دقیقه

דקה

هفته

שבוע

MO
TU
W
TH
FR
SA
SO
دوشنبه
יום שני
سه شنبه
יום שלישי
چهارشنبه
יום רביעי
پنج شنبه
יום חמישי
جمعه
יום שישי
شنبه
יום שבת
یک شنبه
יום ראשון

فردا

מחר

امروز

היום

دیروز

אתמול

غروب

ערב

ظهر

צהריים

صبح

בוקר

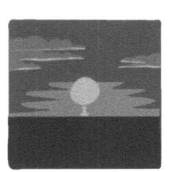

آخر هفته

סוף שבוע

روزهای کاری

ימי עבודה

80 שבוע - هفته

سال

שנה

باران
גשם
رنگین کمان
קשת בענן
باد
רוח
برف
שלג
بهار
אביב
پاییز
סתיו
تابستان
زمستان
חורף

تابش آفتاب

אור שמש

دماسنج

מד חום

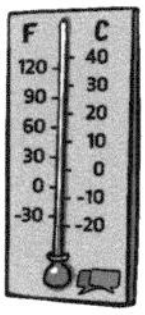

پیش‌بینی اوضاع جوی

תחזית מזג האוויר

رطوبت هوا

לחות

مِه

ערפל

ابر

ענן

صاعقه

....

ברק

آسمان غره

....

רעם

طوفان

....

סערה

تگرگ

....

ברד

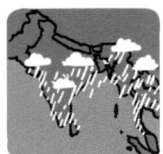

باد موسمی

....

רוח עונתי

سیل

....

שיטפון

یخ

....

קרח

ژانویه

....

ינואר

فوریه

....

פברואר

مارس

....

מרץ

آوریل

....

אפריל

مه

....

מאי

ژوئن

....

יוני

ژوئیه

....

יולי

آگوست

....

אוגוסט

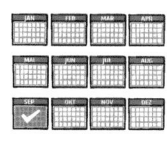

نوامبر

נובמבר

اُکتبر

אוקטובר

سپتامبر

ספטמבר

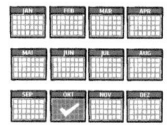

دسامبر

דצמבר

اَشکال

צורות

مستطیل

מלבן

مربع

מרובע

دایره

עיגול

مکعب مربع

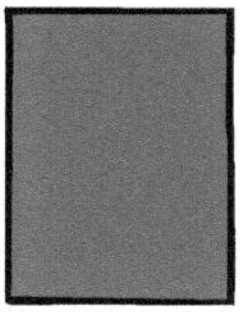

קובייה

کُره

כדור

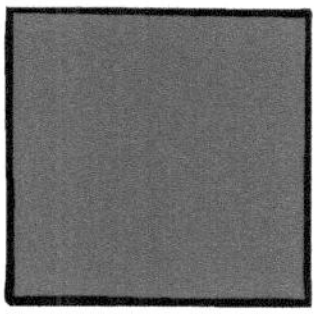

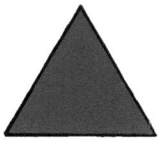

سه گوش

משולש

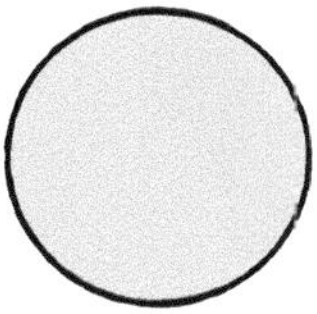

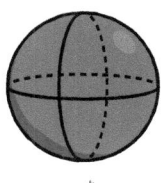

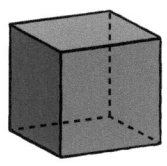

رنگ ها

צבעים

نارنجی

כתום

زرد

צהוב

سفید

לבן

بنفش

סגול

قرمز

אדום

صورتی

ורוד

قهوه ای

חום

سبز

ירוק

آبی

כחול

سیاه

שחור

خاکستری

אפור

متضاد ها

הפכים

زیبا / زشت

יפה / מכוער

خشمگین/ آرام

כועס / רגוע

خیلی / کم

הרבה / מעט

روشن / تیره

בהיר / כהה

بزرگ / کوچک

גדול / קטן

شروع / پایان

התחלה / סוף

کامل / ناقص

שלם / חלקי

تمیز / آلوده

נקי / מלוכלך

برادر / خواهر

אח / אחות

پهن / باریک

רחב / צר

مرده / زنده

מת / חי

روز / شب

יום /לילה

هیجان زده / بی حوصله

מתרגש / משועמם

غضبناک / مهربان

רשע / טוב לב

قابل خوردن / غیر قابل خوردن

אכיל / לא אכיל

دوست / دشمن

חבר / אויב

اولین / آخرین

ראשון / אחרון

چاق / لاغر

שמן / רזה

سنگین / سبک

כבד / קל

سفت / نرم

קשה / רך

پر / خالی

מלא / ריק

غیرقانونی / قانونی

בלתי-חוקי / חוקי

مریض / سالم

חולה / בריא

گرسنگی / تشنگی

רעב / צמא

نزدیک / دور

קרוב / רחוק

چپ / راست

שמאל / ימין

باهوش / خنگ

נבון / טיפש

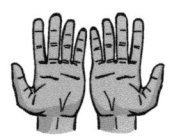

پیر / جوان
....
זקן / צעיר

هیچ چیز / چیزی
....
כלום / משהו

نو / استفاده شده
....
חדש / משומש

آهسته / بلند
....
שקט / רועש

باز / بسته
....
פתוח / סגור

روشن / خاموش
....
פעיל / כבוי

زبر / صاف
....
מחוספס / חלק

درست / غلط
....
נכון / שגוי

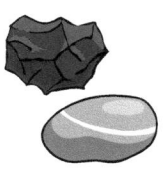

ثروتمند / فقیر
....
עשיר / עני

کند / تند
....
איטי / מהיר

کوتاه / بلند
....
קצר / ארוך

غمگین / خوشحال
....
עצוב / שמח

جنگ / صلح
....
מלחמה / שלום

گرم / خنک
....
חם / קר

تر / خشک
....
רטוב / יבש

اعداد

מספרים

0	صفر	אפס
1	یک	אחת
2	دو	שתיים
3	سه	שלוש
4	چهار	ארבע
5	پنج	חמש
6	شش	שש
7	هفت	שבע
8	هشت	שמונה
9	نه	תשע
10	دَه	עשר
11	یازده	אחת-עשרה

12

دوازده
....
שתים-עשרה

13

سیزده
....
שלוש-עשרה

14

چهارده
....
ארבע-עשרה

15

پانزده
....
חמש-עשרה

16

شانزده
....
שש-עשרה

17

هفده
....
שבע-עשרה

18

هجده
....
שמונה-עשרה

19

نوزده
....
תשע-עשרה

20

بیست
....
עשרים

100

صد
....
מאה

1.000

هزار
....
אלף

1.000.000

میلیون
....
מיליון

زبان ها
שפות

چینی ماندارین

סינית מנדרינית

انگلیسی آمریکایی

אנגלית אמריקאית

انگلیسی

אנגלית

فرانسوی

צרפתית

اسپانیایی

ספרדית

هندی

הודית

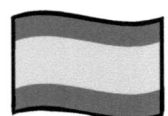

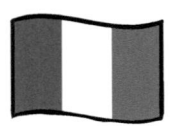

پرتغالی

פורטוגזית

روسی

רוסית

عربی

ערבית

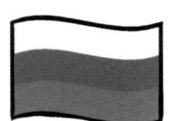

ژاپنی

יפנית

آلمانی

גרמנית

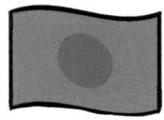

بنگالی

בנגלית

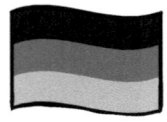

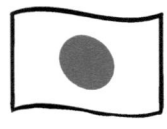

چه کسی / چه چیزی / چگونه

מי / מה / איך

او

הוא / היא / זה

تو

אתה / את

من

אני

آنها

הם

شما

אתם

ما

אנחנו

چگونه؟

איך?

چی؟

מה?

چه کسی؟ کی؟

מי?

نام

שם

کِی؟

מתי?

کجا؟

איפה?

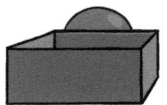

کجا

איפה

جلو

לפני

توی

בתוך

پشت

מאחור

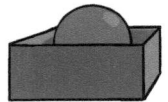

زیر

מתחת

روی

על

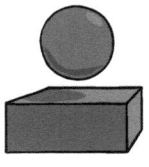

بالای

מעל

مکان

מקום

بین

בין

مجاور

ליד

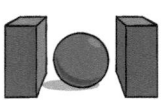